INDICE:

PREMESSA:

Fare parte dell'Unione europea ha innumerevoli vantaggi. Tali vantaggi vanno analizzati su due piani: quello storico e quello della vita di tutti i giorni. Sul piano storico, analizzando la storia dell'Unione Europea ci accorgiamo che tale organizzazione è stata un forte elemento stabilizzatore di pace. Ha consentito la crescita economica ed ha assicurato prosperità e tranquillità a tutte gli Stati usciti stremati dalla guerra.

Dal punto di vista economico si è creata un' unione doganale che consente la libera circolazione di persone e merci attraverso le frontiere europee, senza alcun pagamento di dazio. Il mercato unico ha creato un'economia tutto sommato sana, fatta di servizi e prodotti, in piccola e larga scala.

Le critiche all'Unione si basano in parte sull'euro e sulla rigidità economica, che favorirebbe il principale paese esportatore: la Germania. Va detto che però l'Italia è il secondo paese esportatore e la seconda economia manifatturiera. Certo, appartenere all'UE e non avere una moneta nazionale significa cedere molta sovranità, ma ciò è compensato da molti privilegi.

CAPITOLO I

LA NASCITA DELL'UNIONE EUROPEA. I DIRITTI E DOVERI DEGLI STATI MEMBRI E DEI CITTADINI EUROPEI.

1 Profilo storico.

Nel 1951 venne firmato il **Trattato di Parigi** e nasce la CECA. Gli Stati che ne facevano parte erano Francia, Belgio, Germania, Italia, Lussemburgo e Paesi Bassi.

La CECA avrà una durata di 50 anni.

All'interno della Ceca c'erano:

- un'alta autorità che aveva poteri decisionali autonomi,

- il Consiglio dei ministri,

-l'Assemblea parlamentare,

- la Corte di giustizia.

In seguito alla CECA si verificarono una serie di fallimenti sul piano dell'integrazione politica, per esempio la CED non entrò mai in vigore in particolare per la forte opposizione manifestata dalla Francia.

All'epoca non si era pronti per una Cooperazione politica, così si optò per una Cooperazione economica e nel **1957 a Roma fu firmata la CEE ed EURATOM.**

I due trattati entrarono in vigore nel 1958.

Le tre comunità avevano in comune la Corte di Giustizia e l'Assemblea parlamentare.

Erano diversi gli esecutivi ossia Commissione e Consiglio.

Con il **Trattato di Bruxelles** 1965 furono uniti gli esecutivi.

CEE

Con la CEE si punta a creare un mercato unico europeo.

Per arrivare ad un mercato unico europeo ci fu un percorso di 12 anni che fu caratterizzato da tre fasi.

1)La prima fase è una fase di integrazione negativa: si crea prima una zona libera per eliminare gli ostacoli agli scambi commerciali tra gli stati partecipanti, si arriva poi ad un' unione doganale ed infine ad un mercato unico europeo.

2)Integrazione positiva

3)integrazione economica

Il mercato unico europeo caratterizzato da quattro libertà fondamentali:

-**La libertà di circolazione delle merci.** Comporta l'abolizione negli Stati membri dei dazi doganali all'importazione e all'esportazione ed l'abolizione delle restrizioni quantitative e delle altre misure analoghe. Si crea una tariffa doganale comune nei rapporti con i Paesi terzi. Restrizioni sono ammesse solo se giustificate da motivi di moralità pubblica, di ordine pubblico, di tutela della salute, di protezione del patrimonio artistico e storico nazionale. Le restrizioni devono essere proporzionate al fine perseguito di tutelare esigenze imperative del diritto nazionale.

Alla realizzazione di questa libertà ha contribuito la giurisprudenza della Corte di Giustizia con la **Sentenza Cassis de Dijon** .Con tale sentenza si afferma il Principio del mutuo riconoscimento. La disciplina di uno Stato membro in materia di produzione e di commercializzazione di un bene deve essere riconosciuta in tutti gli stati membri, tranne nel caso in cui si opponga ad una delle ragioni imperative previste dall'articolo 36 CEE.

-La libera circolazione delle persone . Riguarda la libera circolazione dei lavoratori dipendenti e il diritto di stabilimento dei lavori autonomi. Salvo che per motivi di ordine pubblico o di pubblica sicurezza, i lavoratori hanno il diritto di spostarsi per intraprendere un rapporto di lavoro in un territorio di uno Stato membro e di risiedervi e di rimanervi dopo aver firmato il contratto di lavoro. La libertà di stabilimento comporta per i cittadini degli stati membri la facoltà di accedere alle attività non salariate e di costruire o di gestire imprese e società alle stesse condizioni stabilite dalla legislazione del paese di stabilimento nei confronti dei propri cittadini.

-Libera prestazione dei servizi. Per servizi devono intendersi le prestazioni fornite normalmente dietro retribuzione di carattere industriale, commerciale, artigianale e libero professionale.

- Libera circolazione dei capitali.

La libera circolazione dei servizi è collegata alla libera circolazione dei capitali. Inizialmente era prevista la libera circolazione dei capitali solo se fosse necessaria per il buon funzionamento del mercato comune. Con il Trattato di Maastricht sull'Unione Europea è stata però sancita la completa liberalizzazione dei movimenti di capitali.

2 La disciplina della concorrenza

L'articolo 101 TFUE dispone che sono incompatibili con il mercato interno e pertanto vietati tutti gli accordi tra imprese, tutte le decisioni di associazioni di imprese e tutte le pratiche concordate che possano pregiudicare il commercio tra gli stati membri restringendo o falsificando il gioco della concorrenza.

Possono essere però realizzate tali intese se sono dirette a migliorare la produzione e la distribuzione dei prodotti e se dirette a promuovere il progresso tecnico ed economico.

L'articolo 107 TFUE si occupa del problema degli aiuti degli Stati. Sono vietati gli aiuti di Stato che falsino o minacciano di falsare la concorrenza.

Sono ammessi gli aiuti diretti ai singoli consumatori e quelli concessi in occasione di calamità naturali. La commissione ha il compito di vigilare sul rispetto delle regole di concorrenza.

3 Verso l'Unione europea. L'Atto unico europeo

Il Consiglio Europeo di Stoccarda nel giugno del 1983 rese una dichiarazione nella quale aspirava ad un rafforzamento dei rapporti tra gli stati membri.

Il Parlamento Europeo elaborò nel febbraio 1984 il progetto di trattato di Unione Europea in cui si prefigurava una struttura istituzionale profondamente rinnovata con competenze estese anche in campo politico.

Il progetto non fu accolto da parte di alcuni stati e non ebbe seguito.

Il Consiglio Europeo di Fontainebleau incaricò un comitato, composto da rappresentanti dei capi di stato e di governo, di realizzare proposte per migliorare il funzionamento del sistema comunitario anche nel campo della Cooperazione politica. Il rapporto fu esaminato dal Consiglio Europeo di Milano che convocò una conferenza intergovernativa che diede vita l'atto unico europeo.

L'atto unico europeo fu firmato a Lussemburgo nel 1986 ed entrò in vigore nel 1987.

Il termine "unico" fu adottato perché indicava che il trattato riuniva in un unico testo le disposizioni riguardanti le tre comunità europee e la cooperazione politica.

L'atto unico europeo prevedeva:

- La formalizzazione del Consiglio Europeo

- Il rafforzamento del ruolo del Parlamento Europeo nel procedimento decisionale

- L'estensione delle competenze della comunità a nuovi settori come l'ambiente e la ricerca scientifica

Una svolta però si ebbe con il **Trattato di Maastricht**, firmato nel 1992 ed entrato in vigore nel 1993. Nasce l'Unione Europea come costruzione a tre pilastri. Solo nel Pilastro comunitario l'integrazione era forte, mentre nel secondo e nel terzo Pilastro l'integrazione era molto più debole. Il primo Pilastro è costituito dall' ordinamento comunitario, il secondo PESC e il terzo dalla GAI.

Le modifiche riguardavano soprattutto l'apparato istituzionale, il procedimento decisionale, l'ampliamento dei settori di competenza ma anche l'istituzione della cittadinanza europea. Tale cittadinanza prevedeva il diritto di circolare e soggiornare liberamente nel territorio degli stati membri e il diritto per ogni cittadino dell'Unione residente in uno Stato membro di cui non è cittadino, di votare e di essere eletto alle elezioni comunali e a quelle per il Parlamento Europeo alle stesse condizioni dei cittadini dello stato in cui risiede.

La novità più rilevante è costituita dall'instaurazione dell'Unione economica e monetaria.

Il titolo quinto del trattato sull'Unione Europea prevede l'instaurazione di una politica comune affidata all'Unione richiamando una Cooperazione sistematica tra gli Stati membri e realizzando azioni comuni nei settori di comune interesse. Le azioni comuni vincolano gli Stati membri nella condotta delle loro azioni.

Il Consiglio può definire una posizione comune ogni volta lo ritenga necessario e gli Stati membri si impegnavano a condurre le loro politiche nazionali in conformità a tale posizione.

Il Consiglio decide quando la questione debba formare oggetto di un'azione comune precisandone obiettivi, mezzi e procedure.

Il titolo VI mira ad instaurare una Cooperazione nel settore della Giustizia e degli affari interni.

Tra le questioni considerate di interesse comune in questo settore rientrano la politica d'asilo, la politica di immigrazione, la lotta contro la tossicodipendenza, contro la frode su scala internazionale, la cooperazione giudiziaria in materia civile e penale ,la cooperazione di polizia ai fini della prevenzione del terrorismo.

Tali materie verranno trattate rispettando quanto previsto dalla **Convenzione Europea per la salvaguardia dei diritti** dell'uomo e dalla **Convenzione sullo status dei rifugiati**.

4 Il Trattato di Amsterdam

Il Consiglio Europeo nel 1994 diede l'incarico ad un gruppo di riflessione di individuare possibili modifiche al trattato sull'Unione Europea in vista della conferenza intergovernativa che si sarebbe tenuta a Torino nel 1996. Alla fine della conferenza nel 1997 fu firmato il Trattato di Amsterdam che entra in vigore nel 1999. Ci furono dei cambiamenti importanti in quanto alcune materie che facevano parte del terzo Pilastro furono spostate nel Pilastro comunitario.

Queste materie erano: La libera circolazione delle persone , controllo alle frontiere, politica d'asilo, politica di immigrazione, cooperazione giudiziaria in materia civile.

Il terzo Pilastro cambia denominazione viene chiamato Cooperazione di polizia e giudiziaria in materia penale.

Furono incorporati nel Trattato gli accordi di Schengen ossia accordi nati al di fuori del sistema comunitario e che hanno portato all'abolizione dei controlli alle frontiere. Tali accordi vengono richiamati in parte nel primo pilastro e in parte nel terzo pilastro.

Si inizia a parlare di **Europa a geometria variabile,** l'Unione Europea si apre all' adesione di nuovi paesi e diventa sempre più difficile ottenere il consenso di tutti gli Stati membri per avanzare nel processo di integrazione europea. Così si decise che per alcuni limitati aspetti il processo di integrazione Europea poteva andare avanti soltanto tra alcuni stati ed altri potevano decidere di rimanere fuori.

5 Il Trattato di Nizza

Il Trattato di Nizza fu firmato nel 2001 ed entrò in vigore nel 2003.

Le novità introdotte dal Trattato riguardano:

- Estensione del voto a maggioranza qualificata e della procedura di codecisione ad una pluralità di casi

-Modifiche nella politica commerciale comune e nell'ambito delle disposizioni sociali

- Nell'ambito della politica estera e di sicurezza comune il Consiglio Europeo individua gli orientamenti generali.

Il Consiglio adotta azioni comuni e posizioni comuni .La Commissione ha un ruolo marginale , il Parlamento europeo ha un ruolo consultivo e la Corte di Giustizia non ha alcuna competenza in questa materia

- Nell'ambito della cooperazione di polizia e giudiziaria in materia penale ,l'unione si prefigge di sviluppare un'azione comune per prevenire il terrorismo, il razzismo e la criminalità organizzata. Come organi consultivi hanno un ruolo centrale Europool ed Eurojust.

6 Il Trattato costituzionale

Il Trattato costituzionale venne firmato a Roma nel 2004.

Esso non si discosta dai precedenti trattati ma si distingue per l'ambizione di fondare una Costituzione Europea. Si parla di costituzione ma non bisogna dimenticare che è un accordo internazionale.

Il Trattato costituzionale prevedeva l'abolizione dei 3 pilastri .

Il Trattato richiama la carta dei diritti fondamentali dell'Unione Europea proclamata a Nizza nel dicembre del 2000.

Prevede una distinzione tra atti legislativi ed atti non legislativi. Per la revisione del trattato vengono introdotte due nuove procedure semplificate accanto alla procedura ordinaria.

Il Trattato costituzionale sarebbe dovuto entrare in vigore quando tutti gli stati membri avessero depositato i loro strumenti di ratifica e comunque entro il primo novembre del 2006.

Alcuni stati scelsero di sottoporre a referendum l'approvazione della ratifica.

I referendum in Francia e in Olanda ebbero esito negativo e quindi il Trattato non è mai entrato in vigore.

7 Il Trattato di Lisbona

Nel 2007 fu firmato il Trattato di Lisbona.

Il Trattato sarebbe entrato in vigore dopo la ratifica dei vari stati membri.

Per evitare che ci fossero degli ostacoli come nel caso del Trattato costituzionale fu previsto che la ratifica avvenisse con l'autorizzazione del Parlamento nazionale.

Solo in Olanda ci fu un referendum popolare che ebbe esito negativo bloccando ancora una volta i progetti di riforma dei trattati.

Così il Consiglio assunse impegni con l'Irlanda affermando che il Trattato non avrebbe pregiudicato la politica tradizionale di neutralità dell' Irlanda nè avrebbe comportato delle modifiche per la costituzione irlandese ed il secondo referendum indetto nel 2009 ebbe esito positivo .

Il primo Dicembre del 2009 il Trattato di Lisbona entra in vigore.

Per tranquillizzare gli stati e in particolare l'opinione pubblica Europea fu eliminato dal testo la parola costituzione e tutti i simboli che potessero invocare l'idea di una costituzione.

Il termine comunitario viene sostituito da quello dell'unione.

Prima del Trattato di Lisbona c'era il trattato dell'Unione Europea e il Trattato sulla Comunità Europea. Con il Trattato di Lisbona si parla di Trattato sull'Unione Europea e di Trattato sul funzionamento dell'Unione Europea.

Il Trattato sull'Unione Europea prevede dei principi di carattere generale, il Trattato sul funzionamento dell'Unione Europea prevede principi inerenti alle varie politiche dell'Unione europea.

Con il Trattato di Lisbona vengono eliminati i vari pilastri anche se un'effettiva comunitarizzazione si ha nell'ambito della Cooperazione di polizia e giudiziaria in materia penale invece la politica estera e di sicurezza mantiene le proprie regole e le proprie procedure specifiche.

Tra le novità più significative si prevedeva che la carta dei diritti fondamentali acquistasse efficacia vincolante. Si afferma che la carta ha lo stesso valore dei trattati e quindi assume rango di fonte primaria. Fu poi prevista l'adesione dell'Unione Europea alla CEDU.

8 Adesione di un nuovo Stato. Sospensione e recesso

La procedura di adesione disciplinata dall'articolo **49 tue** che prevede che ogni Stato europeo che rispetti i valori indicati dall'articolo 2 e si impegni a promuoverli può domandare di diventare membro dell'Unione.

Il Parlamento Europeo e i Parlamenti nazionali sono informati di tale domanda. Lo Stato richiedente trasmette la sua domanda al Consiglio che si pronuncia all'unanimità previa consultazione della Commissione e previa approvazione del Parlamento Europeo (che si pronuncia a maggioranza dei suoi membri).

Il secondo comma indica le condizioni per l'ammissione.

Da questa disposizione capiamo che ogni Stato europeo può richiedere di entrare a far parte dell'Unione europea. I criteri di ammissibilità sono stabiliti dal consiglio europeo.

Si pone il problema di definire cosa sia lo Stato Europeo in quanto si valuta il requisito geografico,non solo oggettivo ma anche i requisiti di carattere storico-culturale. Per esempio per la Turchia ci si chiedeva se potesse essere considerato uno Stato europeo non tanto per il problema della sua collocazione geografica ma per motivi di carattere religioso sociale.

 L'ostacolo maggiore per l'adesione della Turchia all'Unione europea è determinato dal rispetto dei diritti fondamentali quali il valori relativi allo stato democratico, allo stato di diritto e al rispetto dei diritti fondamentali.

Uno stato per richiedere di entrare a far parte dell'Unione Europea deve :

-adeguare il proprio sistema giuridico al diritto dell'Unione

- rispettare i requisiti politici che consistono principalmente nel rispetto dei diritti fondamentali indicati dall'articolo 2

-rispettare criteri economici ossia entrare a far parte di un mercato unico europeo.

Normalmente c'è una fase preliminare e poi una fase di adesione ossia nella maggior parte dei casi l'adesione è preceduta da un accordo di associazione che prepara in qualche modo il terreno all'adesione vera e propria.

L'articolo 49 prevede che la domanda di adesione venga presentata al Consiglio e poi comunicata al Parlamento europeo, ai Parlamenti nazionali e alla Commissione europea.

Il Consiglio attribuisce lo status di paese candidato dopo il parere favorevole della Commissione.

Il Consiglio delibera all'unanimità previa approvazione del Parlamento europeo.

Firmato l'accordo di adesione è richiesta anche la ratifica degli stati membri.

Con il Trattato di Lisbona è stato previsto che uno stato Può recedere dall'Unione europea.

Per recedere non occorrono motivazioni e giustificazioni particolari ma si deve solo rispettare la procedura prevista dall'articolo 50 TUE.

Il primo passaggio fondamentale indicato dall'articolo 50 TUE è rappresentato dalla notifica, lo Stato membro notifica all'Unione Europea la volontà di uscire da quest'organizzazione internazionale.

La notifica è fondamentale perché da quel momento iniziano a decorrere il termine di due anni ossia trascorsi i due anni i trattati dell'UE cesseranno automaticamente di essere applicati nei confronti dello Stato che ha richiesto di recedere.

Dovrà poi essere firmato l'accordo di recesso.

Tenendo conto degli orientamenti del Consiglio Europeo la commissione propone delle raccomandazioni al Consiglio che dovrà autorizzare l'avvio del negoziato e designare il negoziatore. Una volta che l'accordo viene negoziato dovrà essere poi approvato a maggioranza qualificata. A differenza dell' accordo di adesione che richiede la ratifica da parte degli Stati membri, nel caso di accordo di recesso si tratta di un accordo concluso tra l'Unione e lo Stato precedente.

9 La cittadinanza Europea

I cittadini degli stati membri beneficiano di un particolare status ossia della cittadinanza dell'Unione Europea che consente di distinguerli dai cittadini di paesi terzi ossia dai cittadini extracomunitari.

Tra queste due categorie troviamo la figura dei cittadini di paesi terzi con i quali l'Unione Europea abbia concluso accordi internazionali, accordi di associazione.

La cittadinanza dell'Unione costituisce un vero e proprio status che è un qualcosa in più rispetto ad un insieme di diritti in quanto indica l'esistenza di un vero e proprio legame politico tra i cittadini europei.

Abbiamo una serie di diritti umani e di diritti fondamentali che non dipendono dal possesso della cittadinanza Europea ma sono riconosciuti anche ai cittadini di paesi terzi perché vanno riconosciuti alla persona in quanto tale.

Inoltre gli stati membri possono attribuire la cittadinanza anche a cittadini di stati terzi qualora tra lo stato in questione ed il soggetto c' è un particolare legame.

La cittadinanza Europea è stata introdotta con il Trattato di Maastricht del 1992. Chi è cittadino nazionale è automaticamente anche cittadino dell'Unione.

La cittadinanza dell'Unione si aggiunge alla cittadinanza nazionale e rientra nella competenza degli Stati membri.

Lo Stato membro è competente a stabilire i requisiti necessari per l'acquisto o la perdita della cittadinanza.

La competenza degli Stati membri non è assoluta ma si deve esercitare entro limiti che sono fissati dall'Unione europea, in particolare dalla Corte di giustizia.

Ci sono moltissime sentenze della Corte di Giustizia che tendono a delimitare le competenze degli Stati membri.

Il cittadino europeo gode di una serie di diritti e di doveri previsti dai trattati. Tra i diritti abbiamo:

- Il diritto di circolare e di soggiornare liberamente nel territorio degli stati membri

- il diritto di elettorato attivo e passivo alle elezioni del Parlamento Europeo e alle elezioni comunali nello Stato membro in cui si richiede alle stesse condizioni dei cittadini di questo Stato

- il diritto di godere del territorio di un paese terzo,dove il proprio stato non abbia una rappresentanza diplomatica, della tutela delle autorità diplomatiche e consolari di un altro stato membro

-il diritto di presentare petizioni al Parlamento e di ricorrere al mediatore europeo e di rivolgersi alle istituzioni agli organi e agli organismi dell'Unione Europea e di ricevere una risposta .ù

CAPITOLO II

IL QUADRO ISTITUZIONALE EUROPEO

1 Le competenze delle istituzioni

Il primo principio da prendere in considerazione è il principio di attribuzione vale a dire le istituzioni esercitano le competenze nei limiti di quelle espressamente previste dai trattati per realizzare gli obiettivi stabiliti.

Il principio di attribuzione non è sufficiente in quanto una volta stabilito che la competenza è attribuita all'Unione Europea bisogna andare a chiarire la sua natura, la sua ampiezza e se spetta soltanto all' Unione Europea esercitare quella determinata competenza oppure se è condivisa con gli Stati membri.

Prima dell'entrata in vigore del Trattato di Lisbona vigeva il principio di funzionalità e quindi le istituzioni esercitavano le competenze per realizzare gli obiettivi stabiliti nei trattati.

Con il Trattato di Lisbona si è fatto ordine ed le competenze sono ripartite in tre categorie.

Competenza esclusiva le materie sono indicate in modo tassativo e sono: unione doganale, la definizione delle regole di concorrenza necessarie per la realizzazione del mercato unico europeo, la politica monetaria per gli Stati membri che abbiano adottato l'euro, la conservazione delle risorse biologiche del mare, la politica commerciale comune.

Quando la competenza è esclusiva è chiaro che soltanto l'Unione può legiferare mentre gli Stati membri possono farlo solo se autorizzati dall'Unione oppure per recepire e per dare applicazione agli atti dell'Unione europea.

Competenza concorrente Le materie sono indicate dall'articolo 4 del Trattato sul funzionamento dell'Unione Europea.

Si tratta di un elenco esemplificativo e non tassativo quindi possono rientrare anche altre materie. Quando si parla di competenza concorrente significa che può legiferare sia l'Unione Europea degli Stati membri, ma gli Stati membri solo nella misura in cui l'Unione Europea non abbia esercitato la propria competenza o quando l'Unione Europea decide di non esercitare più una determinata competenza.

Competenza di sostegno L'Unione svolge un' attività di sostegno, di coordinamento e di completamento. Rientrano in questa categoria materie quali la salute umana, la cultura, il turismo ossia sono materie che in linea generale rientrano nella competenza degli Stati membri ma l'Unione Europea può intervenire per dare un valore aggiunto cioè per dare sostegno e assistenza agli Stati membri senza sostituire la loro competenza.

Infine ci sono le **competenze parallele** come in materia di aiuti umanitari.In questi casi l'Unione conduce una politica autonoma senza però impedire agli Stati membri di esercitare le loro competenze.

Ci sono poi dei temperamenti al potere di attribuzione grazie alla clausola di flessibilità prevista dall'articolo 352 del Trattato sul funzionamento dell'Unione Europea che consente di attribuire nuovi poteri, nuove competenze definite competenze sussidiarie.Tali competenze sussidiarie possono essere attribuite senza procedere ad una revisione dei trattati. La funzione dell'articolo 352 TFUE è quella di colmare eventuali lacune previste nei trattati. L'articolo 352 prevede che se l'azione dell'Unione è necessaria per realizzare uno degli obiettivi previsti nei trattati e questi ultimi non abbiano previsto poteri di azione, il consiglio deliberando all'unanimità su proposta della Commissione e previa approvazione del Parlamento Europeo adotta le disposizioni appropriate.

Ulteriore temperamento al principio di attribuzione si ha con la teoria dei poteri impliciti .

Tale teoria afferma che si possono riconoscere all' Unione poteri non espressamente conferiti dai trattati ma che risultano indispensabili per un esercizio efficace ed appropriato delle competenze già attribuite. A questa teoria si è fatto sempre meno ricorso dopo l'entrata in vigore del trattato di Lisbona.

2 Criteri regolatori dell'esercizio delle competenze dell'Unione

Principio di sussidiarietà

Il principio di sussidiarietà è un principio di carattere generale che viene invocato in diversi ambiti. Ha fatto il proprio ingresso con l'Atto unico europeo, nell'ambito della politica ambientale.

È un principio fondamentale per quanto riguarda le competenze concorrenti .

È un criterio di ripartizione delle competenze tra l'unione e gli stati membri. L'articolo 5 del Trattato sul funzionamento dell'Unione Europea al paragrafo 3 afferma che in virtù del principio di sussidiarietà nei settori che non sono di sua competenza esclusiva l'Unione interviene solo se:

- gli obiettivi dell'azione non possono essere conseguiti in misura sufficiente dagli Stati membri nè a livello centrale nè a livello regionale e locale,

- se possono essere conseguiti meglio a livello dell'Unione.

È un principio di natura politica che si presta ad abusi , non sono mancate contestazioni da parte degli Stati membri all'Unione europea di utilizzarlo in maniera distorta.

Proprio per questo ci sono degli strumenti per controllare il rispetto del principio di sussidiarietà. Alcuni strumenti già esistevano prima dell'entrata del vigore del Trattato di Lisbona ,altri sono stati indicati con l'entrata in vigore del trattato di Lisbona.

Con il Trattato di Lisbona si realizza un coinvolgimento dei Parlamenti nazionali per controllare la corretta applicazione del principio di sussidiarietà.

L'istituzione che per prima controlla il rispetto del principio di sussidiarietà è la Commissione .

La Commissione quando propone un atto deve giustificare l'adozione di quell'atto alla luce del principio di sussidiarietà.

I protocolli che sono allegati ai trattati, hanno lo stesso valore dei trattati e quindi sono fonti di rango primario, specificano tutto il procedimento volto ad attribuire maggiori poteri ai Parlamenti nazionali per controllare il principio di sussidiarietà.

La Commissione qualsiasi proposta nel momento in cui la trasmette al legislatore dell'Unione , la trasmette anche ai Parlamenti nazionali.

Questi ultimi prendono visione del testo e vanno a valutare la conformità rispetto al principio di sussidiarietà.

Può capitare che i Parlamenti nazionali non abbiano alcuna obiezione e allora il processo legislativo e normativo va avanti.

Il problema si pone invece nell'ipotesi in cui ci siano delle obiezioni ed i Parlamenti nazionali contestino la violazione del principio di sussidiarietà evidenziando un aspetto critico.

In questo caso entro un termine di 8 settimane dalla trasmissione del progetto di atto legislativo, i Parlamenti nazionali devono inviare al Parlamento Europeo, al Consiglio e alla Commissione un parere motivato che contenga le ragioni per le quali si ritiene che sia stato violato il principio di sussidiarietà.

Ogni Parlamento ha a disposizione due voti perché si considera che in un sistema bicamerale ciascuna camera disponga di un voto.

Se i pareri motivati corrispondono ad un terzo dei voti, la Commissione è tenuta a riesaminare la sua proposta. Questo non significa che la Commissione Europea deve accogliere le indicazioni dei Parlamenti nazionali.

Può decidere di ritirare la proposta ma può anche decidere di mantenere la firma e quindi di non venire incontro alle perplessità espresse dei Parlamenti nazionali. Deve motivare perché non ritiene fondate le critiche che i Parlamenti nazionali hanno sollevato.

Se i pareri motivati corrispondono alla maggioranza dei voti allora il Parlamento e il Consiglio dovranno decidere se la proposta è conforme al principio di sussidiarietà. Se il Consiglio e il Parlamento a maggioranza ritengono che la proposta non è conforme al principio di sussidiarietà, il processo legislativo si arresta e quell'atto non può essere più adottato.

Con il Trattato di Lisbona c'è stato un rafforzamento del controllo sul principio di sussidiarietà anche nella fase ex post ossia quando l'atto è stato adottato. Si tratta di un controllo essenzialmente sul piano giurisdizionale.

Anche prima dell'entrata in vigore del Trattato di Lisbona gli Stati potevano impugnare l'atto per violazione del principio di sussidiarietà con un azione di annullamento. La novità introdotta è che l'atto può essere impugnato per violazione del principio di sussidiarietà anche da una sola camera di un Parlamento.

Altra novità riguarda il Comitato delle regioni che diventa un ricorrente semi-privilegiato e quindi può richiedere l'impugnativa di un atto per violazione del principio di sussidiarietà.

Tutti i ricorrenti semi-privilegiati per poter promuovere un'azione di annullamento devono dimostrare che l'atto in questione tocchi le sue prerogative quindi il Comitato delle regioni può presentare l'azione di annullamento per tutti gli atti che richiedono la sua consultazione.

Principio di proporzionalità Tale principio opera per tutte le categorie di competenza, mentre il principio di sussidiarietà opera solo per le competenze concorrenti. L'azione dell'Unione deve essere necessaria e proporzionata rispetto all'obiettivo da realizzare. Anche la scelta del tipo di atto deve rispondere al principio di proporzionalità. Se l'unione può scegliere tra diversi atti è chiaro che dovrò utilizzare quell'atto che lasci maggiore libertà agli Stati membri. Il principio di proporzionalità va ad integrare il principio di sussidiarietà

Principio di prossimità

È strettamente collegato al principio di sussidiarietà.

Le decisioni assunte dall'Unione Europea devono essere prese il più possibile vicino ai cittadini.

Tale principio risponde all'esigenza di avvicinare i cittadini all'Unione.

Il principio di prossimità riguarda l'esercizio concreto delle competenze sia esclusive che concorrenti ed è rivolto a decentrare la gestione dell'azione dell'Unione Europea in modo che le scelte siano prese il più vicino possibile ai cittadini andando a rispettare le identità e le diversità dei diversi popoli degli Stati membri.

3 Cosa è l'Unione Europea

L'Unione Europea è un'organizzazione internazionale.

In letteratura è stata definita uno stato federale ma non lo è.

È un'organizzazione di nuovo genere ossia di terzo tipo.

L'ordinamento europeo è un ordinamento di nuovo genere perché non si rivolge solo agli stati ma soprattutto agli individui.

4 Differenza tra Consiglio Europeo, Consiglio dei Ministri e Consiglio d'Europa

Il Consiglio Europeo è distinto dal Consiglio dei Ministri detto anche Consiglio.

Se guardiamo all'Europa come ambito geografico i consigli sono 3, il Consiglio Europeo non va confuso con il Consiglio d'Europa.

Il Consiglio d'Europa è un'organizzazione internazionale indipendente dall'Unione Europea perché è ad essa antecedente e si occupa di promuovere la democrazia, diritti umani e identità culturale, di risolvere i problemi sociali in Europa.

Molti Stati che fanno parte di questa organizzazione internazionale ma non fanno parte dell'Unione europea.

L'Unione Europea si occupa degli interessi universali degli Stati, il Consiglio d'Europa invece si occupa della tutela dei diritti fondamentali.

All'interno del Consiglio d'Europa è stata emanata la Convenzione Europea per la salvaguardia dei diritti dell'uomo e delle libertà fondamentali.

È stata istituita la Corte europea dei diritti dell'uomo che ha sede a Strasburgo, mentre all'interno dell'Unione Europea opera la Corte di giustizia che ha sede a Lussemburgo.

5 Il Consiglio Europeo

Il Consiglio Europeo nasce come forma di Cooperazione tra gli Stati membri e con il tempo questa Cooperazione è cresciuta sempre di più.

Il primo Consiglio Europeo si tenne nel 1961 a Parigi e nasce come prassi dei capi di Stato e di Governo di incontrarsi periodicamente per affrontare le questioni inerenti al processo di integrazione europea.

Era un vertice. Si trattava di una prassi e quindi non c'era nessuna regola che stabilisse le procedure di questi incontri.

I vari capi di Stato e di Governo si riunivano quando c'erano particolari questioni politiche da risolvere o se bisognava dare un nuovo impulso al processo di integrazione. Nel tempo questa prassi diventò consuetudinaria e fu stabilita la regola che ci fosse una riunione ogni 6 mesi.

Con il Trattato di Maastricht la situazione cambia in quanto il Consiglio Europeo viene menzionato all'articolo 4 ma non viene elencato nell'articolo 17 e ss ossia gli articoli riguardanti le istituzioni.

Con il Trattato di Lisbona invece viene inserito tra le istituzioni dell'Unione Europea. Le decisioni adottate dal Consiglio Europeo fino all'entrata in vigore del Trattato di Lisbona non erano considerati come atti dell'Unione Europea ma come accordi internazionali in forma semplificata.

Gli atti adottati dal Consiglio Europeo che incidono sui singoli e sui terzi possono essere oggetto di scrutinio da parte della Corte di Giustizia ma questa è un'ipotesi rara in quanto gli atti del Consiglio Europeo sono atti di indirizzo politico e quindi solitamente non hanno un'efficacia diretta su singoli.

Come stabilito dal Trattato di Lisbona, il Consiglio Europeo è composto dai capi di Stato e di Governo, dal presidente della Commissione europea, dall'Alto rappresentante, dal Presidente del Consiglio europeo. Gli atti vengono adottati per "consensus" significa che non c'è una vera e propria regola ,i membri si parlano tra di loro e cercano un consenso generale per l'adozione dell'atto.

Tuttavia sono previsti dei casi in cui delibera all'unanimità o a maggioranza semplice.

Il Consiglio Europeo decide a maggioranza qualificata nelle ipotesi previste dai trattati. Il Presidente del Consiglio Europeo ed il Presidente della Commissione non partecipano al voto.

6 Il Consiglio dei Ministri

È l'unica istituzione composta da rappresentanti degli Stati membri quindi rappresenta l'interesse degli Stati membri a livello dell'Unione Europea.

Esercita la funzione legislativa oggi insieme con il Parlamento europeo.

Il Consiglio esprime una volontà propria distinta da quella degli Stati che lo compongono questo significa che lo Stato può impugnare una decisione del Consiglio anche se il rappresentante abbia votato a favore.

La composizione del Consiglio è variabile, i rappresentanti cambiano in funzione delle materie trattate.

Il Trattato di Lisbona prevede una distinzione tra il Consiglio affari generali e il Consiglio affari esteri. La presidenza è esercitata a turno da ciascun Stato membro per tre mesi.

Il Consiglio si riunisce dietro convocazione del presidente su iniziativa di uno Stato membro o della Commissione.

Le sedute sono pubbliche quando delibera sul progetto di atto legislativo mentre l'obbligo della pubblicità non vige quando svolge un'attività non legislativa.

Il presidente stabilisce l'ordine del giorno provvisorio di ogni sezione che comunica almeno 14 giorni prima ai membri del Consiglio e alla Commissione. L'ordine del giorno è diviso in due parti:

-la parte A nella quale sono indicati i punti che possono essere decisi anche senza dibattito

-la parte B i punti che invece esigono un dibattito e nel caso in cui non si raggiunga un accordo si richiedono ulteriori approfondimenti al COREPER.

Si procede alla votazione su iniziativa del presidente. Per le decisioni relative ad affari urgenti si può utilizzare una votazione espressa per iscritto.

Una procedura scritta semplificata o procedura di approvazione tacita può essere utilizzata per adottare il testo di una risposta ad un'interrogazione scritta, per nominare i membri del Comitato economico e sociale e del Comitato delle regioni, per decidere la consultazione di organi o istituzioni quando richiesta dei trattati.

Per le decisioni può essere richiesta:

- la maggioranza semplice che va valutata tenendo conto del numero dei membri effettivi del Consiglio e non dei presenti.

-l'unanimità che è utilizzata in pochissimi casi .Ad esempio in materia di politica estera e di sicurezza comune

- la maggioranza qualificata viene richiesta nella maggior parte dei casi. Non vale il principio una testa un voto ma gli stati vengono "pesati".

In sede di votazioni Francia, Germania e Italia pesano più degli altri Stati.

7 La Corte di Giustizia

La Corte di Giustizia ha sede a Lussemburgo e ha il compito di assicurare il rispetto del diritto europeo nell'interpretazione e nell'applicazione ossia sostanzialmente garantisce l'uniforme interpretazione e applicazione del diritto dell'Unione da parte di tutti gli Stati membri.

La Corte di Giustizia ha un ruolo anche come creatrice del diritto dell'unione.

Alcuni principi fondamentali nascono proprio nella giurisprudenza della Corte di Giustizia e poi sono stati formalizzati in occasione della revisione dei trattati.

Il sistema giurisdizionale è un sistema completo in quanto:

- comprende anche gli organi giurisdizionali degli Stati membri,

-consente di sindacare tutti gli atti e comportamenti delle istituzioni e degli organi dell'Unione Europea e gli atti e comportamenti degli Stati membri,

- prende in considerazione come soggetti non solo gli Stati e le istituzioni ma anche i singoli intesi come persone fisiche o persone giuridiche

I diritti sanciti dalle norme dell'Unione Europea devono essere sempre tutelati anche sul piano giurisdizionale cosiddetto principio di effettività. Questo principio di effettività è stato recepito nell'articolo 19 del Trattato di Lisbona che stabilisce che gli stati membri devono provvedere a prevedere rimedi giurisdizionali necessari per assicurare una tutela effettiva nei settori disciplinati dal diritto dell'Unione.

Nel momento in cui uno stato aderisce all'Unione Europea si sottopone ed accetta il sistema giurisdizionale previsto dai trattati.

Prima del Trattato di Lisbona c'era una divisione a Pilastri :

-nel primo Pilastro, il Pilastro comunitario ,il sistema giurisdizionale era completo

-nel secondo Pilastro non era previsto il sindacato giurisdizionale

- nel terzo Pilastro era previsto un sistema che richiamava quello delle organizzazioni internazionali.

Con il Trattato di Lisbona Il quadro è cambiato ed è stata abolita la struttura a Pilastri .

L'estensione del metodo comunitario si è realizzata soltanto per il terzo Pilastro.

In materia di politica estera e di sicurezza comune non c'è il sindacato della Corte di Giustizia salvo dei casi eccezionali in cui la Corte di Giustizia interviene per verificare che le istituzioni rispettino le disposizioni dei trattati con riferimento all'esercizio delle competenze.

La Corte non è competente a valutare la legittimità degli atti adottati nell'ambito della politica estera e di sicurezza comune in quanto si tratta di un settore politico nel quale gli Stati sono gelosi della propria sovranità e non accettano di cedere le proprie quote di sovranità ad un'organizzazione sovranazionale come l'Unione Europea.

Per quanto riguarda la cooperazione di polizia giudiziaria in materia penale ,oggi, la competenza della Corte è generale però la Corte di Giustizia non è competente a valutare la validità e la proporzionalità delle operazioni di polizia per il mantenimento dell'ordine pubblico e per la tutela della sicurezza interna in quanto questa materia rientra nella sovranità nazionale.

I rimedi giurisdizionali si distinguono in diretti ed indiretti.

Quelli diretti sono: l'azione di annullamento, l'azione in carenza, l'azione di responsabilità extracontrattuale, l'eccezione incidentale di invalidità.

Un rimedio che ha un ruolo centrale è la procedura di infrazione. La procedura di infrazione riguarda i comportamenti e gli atti non delle istituzioni ma gli atti e comportamenti degli Stati. La procedura di infrazione permette alla Commissione di esercitare la sua funzione di "guardiana".

Tale procedura si svolge sotto il controllo della Corte di Giustizia ed è divisa in due fasi :

-una fase precontenziosa di carattere amministrativo

-una fase contenziosa che si svolge dinanzi alla Corte di Giustizia ed è una fase eventuale non necessaria.

I rimedi indiretti invece sono definiti tali perché l'iniziativa non è dei soggetti interessati ma dei Giudici nazionali e sono il rinvio pregiudiziale di interpretazione e il rinvio pregiudiziale di validità.

Il rinvio pregiudiziale di interpretazione consente la corretta interpretazione delle norme dell'Unione perché consente di valutare la compatibilità delle norme nazionali con il diritto dell'Unione europea.

La Corte di Giustizia svolge anche altre funzioni importanti come una funzione consultiva .Può essere richiesto alla Corte di Giustizia un parere per valutare la compatibilità con il diritto dell'Unione di un accordo internazionale, in caso di parere negativo l'accordo non può entrare in vigore.

Quando parliamo di Corte di giustizia parliamo di Corte di giustizia in senso lato distinguiamo tra Corte di giustizia, Tribunale e Tribunali specializzati.

La Corte di Giustizia è il giudice supremo dell'Unione Europea al quale spetta l'ultima parola e ha una rilevanza centrale nel sistema di tutela giurisdizionale.

Per il momento la Corte di Giustizia ha competenza esclusiva in tema di rinvio pregiudiziale.

Il Tribunale non ha alcuna competenza in materia pregiudiziale anche se non è escluso che in futuro con riferimento ad alcuni settori gli possono essere attribuite delle competenze pregiudiziali.

Il sistema giurisdizionale prevede un doppio grado di giurisdizione la Corte di Giustizia o ha competenza esclusiva o è giudice di secondo grado.

La corte di giustizia è composta da un giudice per ogni Stato membro.

I membri devono avere il requisito dell'indipendenza e della professionalità ossia devono essere soggetti che esercitano nel proprio paese le più alte funzioni giurisdizionali,quindi si deve parlare di giureconsulti. Sono nominati di comune accordo dai Governi degli Stati membri per 6 anni. I candidati, indicati dai Governi, sono sottoposti alla valutazione di un Comitato di 7 personalità che esprime un parere prima della nomina da parte dei Governi degli Stati membri. Tale comitato valuta l'adeguatezza dei candidati sotto il profilo della professionalità e dell' indipendenza ed effettua una valutazione sulla base del curriculum e dopo un'audizione delle parti.

I giudici della Corte di Giustizia sono assistiti da 8 avvocati penali nominati dai Governi degli Stati membri di comune accordo.

Devono avere il requisito di professionalità ed indipendenza.

Ricoprono un ruolo fondamentale perché le sentenze della Corte di Giustizia sono precedute, almeno per le materie più importanti, dalle conclusioni degli avvocati generali che presentano il loro punto di vista un po' come il procuratore generale della Corte di Cassazione.

Nelle conclusioni degli avvocati generali ritroviamo riferimenti alla dottrina e alla giurisprudenza che sono molto accurati e che consentono una ricostruzione ampia della materia.

Tra i vari avvocati generali, la Corte nomina il primo avvocato generale che distribuisce le cause tra i vari avvocati ed che ha il compito di proporre alla Corte di Giustizia il riesame delle pronunce del Tribunale quando ritiene che ci sia un grave rischio per l'unità e la coerenza del diritto europeo.

I giudici e gli avvocati presentano giuramento in seduta pubblica e si impegnano a svolgere la loro funzione in piena imparzialità.

Godono di privilegi e di un regime di immunità che solo la corte può negare.

La loro azione è incompatibile con qualsiasi altra attività professionale o politica.

CAPITOLO III

FONTI,PRINCIPI E RIMEDI...

1 Le fonti del diritto dell'Unione

Nell'ambito del sistema dell'Unione Europea abbiamo diverse fonti: diritto primario, diritti fondamentali, principi generali, accordi internazionali e diritto derivato.

Le norme dei trattati costituiscono il cosiddetto diritto primario. Con riferimento ai trattati istitutivi si parlava di norme costituzionali proprio per sottolineare il loro carattere preminente rispetto alle altre fonti del diritto dell'Unione europea. Più volte la Corte di Giustizia ha affermato che il trattato costituisce la Carta Costituzionale dell'Unione europea. La Corte di Giustizia ha affermato che alcune norme dei trattati non dovrebbero poter essere oggetto di revisione .

Con il Trattato di Lisbona è stata eliminata la parola Costituzione ma in realtà esistono delle norme fondamentali dei trattati che sono proprio norme costituzionali. La sfera di applicazione dei trattati si estende fin dove si esercita la giurisdizione degli Stati membri. Il Trattato di Lisbona ha affermato che non è possibile fare una distinzione tra il Trattato sull'Unione Europea e il Trattato sul funzionamento dell'Unione Europea perché hanno lo stesso valore giuridico e rappresentano uno la continuazione dell'altro. Il Trattato sull'Unione Europea contiene principi di carattere generale, il Trattato sul funzionamento dell'Unione Europea disciplina le varie politiche dell'Unione.

I diritti fondamentali sono quelli previsti dalla CEDU e quelli garantiti dalle tradizioni costituzionali comuni, fanno parte integrante del diritto dell'Unione . Con il Trattato di Lisbona si è affermato che la carta dei diritti fondamentali dell'Unione ha lo stesso valore dei trattati. Nell'ambito della gerarchia delle fonti i diritti fondamentali tendono a collocarsi sullo stesso livello dei trattati.

I principi generali del diritto dell'Unione Europea non è semplice andare a individuare la loro collocazione nel sistema delle fonti. Anche se i principi generali tendono a porsi sullo stesso piano del diritto primario devono rispettare trattati e diritti fondamentali.

Accordi internazionali sono gli accordi che l'Unione Europea può stipulare con un' Organizzazione Internazionale o con gli Stati terzi.

Sono subordinati al diritto primario ma prevalgono sul diritto derivato come afferma l'articolo 216 del Trattato sul funzionamento dell'Unione Europea. Tali accordi sono vincolanti per le istituzioni e per gli Stati membri ma non possono mai essere in contrasto con il diritto primario. In caso di conflitto tra diritto primario ed accordo internazionale interviene la Corte di Giustizia . La Corte di Giustizia può essere coinvolta anche in via preventiva prima dell'entrata in vigore dell'accordo e se afferma che l'accordo è incompatibile con i trattati, quell'accordo non può entrare in vigore.

Diritto derivato Gli atti di diritto derivato sono gli atti adottati dalle istituzioni e si distinguono in:

-Vincolanti (regolamenti direttive e decisioni)

- Non vincolanti (pareri e raccomandazioni)

Accanto a questi atti tipici troviamo atti atipici ossia non indicati dall'articolo 288. in caso di conflitto tra atti di diritto derivato per la risoluzione si richiamano i criteri di specialità e di successione delle leggi nel tempo.

2 Effetti diretti

Le norme dell'Unione Europea hanno effetti diretti ossia possono creare diritti ed obblighi direttamente in capo ai singoli senza che lo Stato ponga in essere una procedura formale per riversare i diritti e gli obblighi sui singoli. In sostanza i singoli possono far valere queste norme provviste di effetto diretto dinanzi alle amministrazioni e ai giudici nazionali.

In dottrina si è tentato di distinguere la nozione di effetto diretto dall' applicabilità diretta. L'effetto diretto rappresenta l'idoneità della norma a creare diritti ed obblighi in capo ai singoli direttamente. L'applicabilità diretta invece riguarda in particolare i regolamenti ossia le norme producono i propri effetti senza il bisogno di alcun provvedimento interno di attuazione. L'effetto diretto è rivolto a considerare la posizione dei singoli, l'applicabilità diretta è rivolta a considerare la qualità propria di alcuni atti dell'Unione europea.

Tale distinzione è una distinzione puramente dottrinale in quanto non è stata accolta dalla Corte di Giustizia che utilizza in modo indifferenziato le due nozioni parlando solo di una distinzione teorica ma senza effetti pratici.

Le norme sono provviste di effetto diretto quando sono chiare precise e incondizionate. Sono chiare e precise quando contengono un precetto definito e quindi i destinatari possono comprendere la portata della norma e il giudice può applicare la norma nel giudizio di propria competenza.

È incondizionata quando è suscettibile di applicazione immediata e non è necessario l'emanazione da parte del legislatore nazionale di ulteriori atti di esecuzione o di atti integrativi.

Per parlare di norma con effetto diretto non è necessario che la norma sia indirizzata ai singoli ma possono esserci anche delle norme provviste di effetto diretto che sono indirizzate agli Stati ma creano diritti ed obblighi eventualmente in capo ai singoli.

Possono essere provviste di effetto diretto le norme dei trattati sull'Unione, le disposizioni degli accordi internazionali, le norme contenute nella Carta dei diritti fondamentali, le norme di diritto derivato. Le norme dei trattati possono essere provviste di effetto diretto ed il singolo può far valere la propria posizione giuridica sia nei confronti dello Stato sia nei confronti dei singoli. Tali norme sono dotate di un effetto diretto sia verticale che orizzontale .

Con riferimento agli accordi internazionali abbiamo accordi provvisti di effetto diretto ed accordi sprovvisti di effetto diretto.

Con riguardo alle norme derivate l'articolo 288 parla di effetto diretto solo con riferimento ai regolamenti ma la corte ha precisato che anche gli altri atti derivati possono avere effetto diretto.

3 Responsabilità patrimoniale dello Stato membro

I trattati non prevedono quali sono le conseguenze se gli Stati membri non rispettano gli obblighi imposti dai trattati, ma indicano solo la procedura di infrazione per accertare tale inadempimento. La Corte ha affermato che gli individui hanno diritto al risarcimento del danno subito. Quindi gli Stati devono risarcire i singoli per i danni causati dalle violazioni del diritto dell'Unione :

-anche se conseguenti all'applicazione di provvedimenti nazionali di natura legislativa

-anche quando la violazione del diritto dell'Unione derivi da una decisione di un organo giurisdizionale di ultimo grado.

Lo stato è responsabile anche quando la violazione del diritto dell'Unione derivi da un'attività di interpretazione compiuta da un organo giurisdizionale di ultimo grado e anche se la norma interna esclude una responsabilità per tale giudice.

Il risarcimento è previsto nel momento in cui si tratta di una violazione manifesta e grave e se sussiste il nesso di causalità tra la violazione ed danno subito dei singoli. Il giudice Nazionale va a valutare l'entità della violazione ed individua le forme e le modalità attraverso le quali esercitare l'azione risarcitoria.

4 I principi relativi alla protezione dei diritti fondamentali dell'uomo

Con l'evoluzione dell'Unione Europea è stato posto il problema di quali principi considerare come diritti fondamentali dell'uomo. Nè i trattati istitutivi, né altri strumenti normativi contenevano un'elencazione di tali diritti .

L'inclusione della tutela dei diritti fondamentali tra i compiti dell'Unione si è sviluppata attraverso la giurisprudenza della Corte di giustizia, sulla base delle pressioni provenienti da alcune Corti costituzionali. Una volta incorporati tali diritti tra i principi generali del diritto comunitario resta aperto il problema della loro individuazione e dell'armonizzazione con i diritti fondamentali riconosciuti dagli Stati membri.

La corte ha riconosciuto i seguenti diritti fondamentali : di uguaglianza e di non discriminazione, di libertà di religione e libertà di espressione,di libertà di circolazione e di associazione ,di diritto di proprietà, d'inviolabilità del domicilio, del rispetto della vita privata e familiare ,ad un giusto processo ,d'irretroattività delle norme penali,di rispetto dei diritti della Difesa .

Tali principi devono essere rispettati dai giudici interni e dalle istituzioni dell'unione.

5 I criteri di rilevazione usati

Molti principi sono stati introdotti nel diritto dell'Unione, non perché erano comuni a tutti gli Stati ma perché si prestavano ad entrare in un sistema come quello dell'Unione.

È il caso della sentenza Omega che richiama il rispetto della dignità umana tutelato a livello costituzionale solo dall'ordinamento tedesco come diritto fondamentale autonomo e sarà considerato dalla Corte come facente parte dei principi dell'ordinamento comunitario.

Il riferimento alle tradizioni costituzionali così rischia di divenire soltanto una formula di rito ossia uno strumento per introdurre dei principi nell'ordinamento dell'Unione anche se questi non siano comuni a tutti gli Stati sempre che siano considerati fondamentali e necessari dalla Corte stessa.

Il richiamo agli strumenti internazionali come la Convenzione Europea dei diritti dell'uomo non sembra essere un criterio sufficientemente sicuro. La Convenzione va a fornire solo linee guida di cui tener conto nell'ambito del diritto comunitario. Solo con l'adesione dell'Unione alla CEDU comporterebbe l'inserimento dell'Unione nel sistema di controllo del rispetto degli obblighi della CEDU.

La Corte europea dei diritti dell'uomo così potrebbe esercitare un controllo sull'Unione con riferimento alla verifica del rispetto degli obblighi derivanti dalla CEDU.

6 La carta dei diritti fondamentali

È stata proclamata il 7 dicembre del 2000 a Nizza da parte del Parlamento , del Consiglio, della Commissione ed è stata adottata il 12 dicembre del 2007 a Strasburgo. La Carta costituisce una sorta di summa dei principi e delle libertà fondamentali ricavati dalla CEDU, dalle tradizioni costituzionali dei vari Stati, dagli stessi trattati e dagli atti delle istituzioni comunitarie, e dalla giurisprudenza della Corte di Giustizia e della Corte europea dei diritti dell'uomo.

È divisa in 6 capi ossia dignità, libertà, uguaglianza, solidarietà, cittadinanza, giustizia e si distingue tra diritti classici civili e politici, diritti culturali e sociali, diritti economici, diritti di terza generazione come i diritti ambientali, la protezione dei consumatori, la protezione della salute.

Le disposizioni centrali sono all'articolo 51, 52, 53 e 54. Ha particolare rilevanza l'articolo 52 paragrafo 3 della Carta che afferma che qualora ci sia corrispondenza tra i diritti previsti dalla Carta e i diritti previsti nella CEDU, tali diritti vanno applicati secondo il significato e la portata conferiti dalla CEDU . I diritti previsti dalla CEDU possono subire delle restrizioni per tutelare esigenze di interesse generale dell'Unione europea.

L'articolo 51 della Carta al paragrafo 1 afferma che le disposizioni contenute nella Carta vincolano gli Stati membri nell'attuare il diritto dell'Unione Europea .Ciò non toglie che una volta acquisita forza vincolante, la Carta possa essere fatta valere anche sul versante della tutela interna dei diritti fondamentali.

Con il Trattato di Lisbona è stato chiarito che la Carta ha lo stesso valore dei trattati.

Con la Carta si rendono visibili quei diritti fondamentali che devono essere tutelati.

È prevista una tutela non solo ex post ma tali diritti devono essere tutelati anche dalle varie istituzioni nell'esercizio delle loro funzioni.

Si parla di un sistema integrato di tutela in quanto vediamo l'intervento delle Corti nazionali, della Corte di Giustizia e anche della Corte Europea dei diritti dell'uomo garantendo ai cittadini una maggiore tutela.

Sono previsti una serie di nuovi diritti quali diritti di terza o quarta generazione.

Quanto ai tratti negativi è possibile che ci sia una sovrapposizione dei diritti ossia una sovrapposizione tra i diritti previsti dalle Carte costituzionali interne e i diritti previsti dalla Carta dei diritti fondamentali.

Se c'è contrasto tra un diritto previsto da una carta costituzionale ed un diritto previsto nella Carta dei diritti fondamentali e questi ultimi sono stati ricavati dalle tradizioni costituzionali, devono essere interpretati in armonia con dette tradizioni.

Con l'entrata in vigore del Trattato di Lisbona ,alla Carta è stato attribuito lo stesso valore dei trattati .

7 I principi generali del diritto internazionale

L'unione europea, in quanto soggetto di diritto internazionale, è sottoposta all'osservanza delle norme generali di diritto internazionale .

I principi di diritto internazionale possono costituire parametri di riferimento per il controllo della legalità degli atti comunitari.

Nell'ambito del diritto dell'Unione le norme generali di diritto internazionale vengono applicate dalla Corte solo se compatibili con i principi fondamentali dell'Unione.

Ciò innanzitutto perché le norme di diritto internazionale sono derogabili , salvo quelle che hanno carattere cogente, dalla volontà concorde degli Stati membri.

8 Gli accordi internazionali

Gli accordi internazionali sono accordi che l'Unione Europea può stipulare con altre organizzazioni internazionali o con Stati terzi. L'Unione Europea può stipulare accordi internazionali perchè ha una personalità giuridica.

Gli accordi internazionali si collocano nell'ambito della gerarchia delle fonti ad un livello intermedio tra il diritto primario e diritto derivato. Si collocano in un livello superiore rispetto agli atti derivati.

Infatti l'articolo 216 del Trattato sul funzionamento dell'Unione Europea afferma che tali accordi sono vincolanti per le istituzioni e per gli Stati membri. Gli atti di diritto derivato quindi non possono porsi in contrasto con gli accordi internazionali.

Gli accordi internazionali si pongono ad un livello inferiore rispetto ai trattati .

Per evitare che un accordo internazionale sia in contrasto con quanto previsto in un trattato si può richiedere il parere preventivo della Corte di Giustizia che valuta la compatibilità tra le fonti.

Se la Corte in via preventiva esprime un parere negativo l'accordo non può entrare in vigore. La Corte può esprimere un parere anche a posteriori ,in tal caso se il parere è negativo si può arrivare all'annullamento della decisione di conclusione di un accordo internazionale. Nel momento in cui però viene annullata la decisione di conclusione dell'accordo l'Unione Europea sarà responsabile nei confronti degli Stati terzi o di altre organizzazioni ed è per questo che si preferisce cercare di ricorrere ad un'interpretazione che renda conciliabile l'accordo con il diritto primario.

Gli accordi internazionali hanno effetto diretto se contengono norme chiare ,precise e suscettibili di applicazione immediata.

All'interno di un accordo internazionale ci possono essere sia norme con effetto diretto sia norme che non prevedono effetto indiretto.

Uno degli interrogativi che ci si pone è in quali campi l'Unione Europea può stipulare accordi internazionali. In precedenza si è applicato il principio delle competenze di attribuzione e quindi l'Unione Europea poteva concludere accordi internazionali nelle ipotesi espressamente previste dai trattati.

La Corte di Giustizia con il tempo però ha cercato di estendere le competenze esterne dell'Unione ed ha richiamato il principio del parallelismo tra competenza interna e competenze esterne.

Le competenze esterne si estendono fino ai limiti di esercizio delle competenze interne.

Se la materia rientra nell'ambito della competenza esclusiva, l'Unione Europea è l'unica che può concludere l'accordo internazionale, se la materia rientra nella competenza concorrente l'Unione Europea conclude l'accordo ma c'è anche la partecipazione degli Stati membri.

Si tratta del cosiddetto accordo misto. Non è sempre così semplice distinguere quando una materia rientri nella competenza concorrente e quando rientri nella competenza esclusiva, ci sono delle zone grigie e in tal caso si ricorre alla forma dell'accordo misto.

9 Il diritto derivato.

Gli atti di diritto derivato sono indicati dall'articolo 288 del Trattato sul funzionamento dell'Unione Europea che fa una distinzione tra atti tipici vincolanti (regolamenti, direttive e decisioni) ed atti tipici non vincolanti (pareri e raccomandazioni).

Oltre agli atti tipici ci sono anche gli atti atipici oltre a quelli non previsti dall'articolo 288.

Tutti gli atti normativi hanno delle caratteristiche comuni:

- nel preambolo si fa riferimento alle proposte o ai pareri richiesti obbligatoriamente e alla base giuridica .

-devono essere motivati: la motivazione è considerata una forma sostanziale, la cui violazione comporta l'invalidità dell'atto. La motivazione è fondamentale per permettere ai soggetti che subiscono l'atto, agli Stati membri e al giudice di individuare l'iter logico seguito dalle istituzioni per la formazione dell'atto. La motivazione può essere anche sommaria ma comunque deve indicare tutti gli elementi necessari per valutare la fondatezza dell'atto.

I regolamenti

Il regolamento con una certa approssimazione equivale un po' alla legge soprattutto quando si tratta di regolamenti legislativi. Il regolamento è un atto a portata generale ed astratta, è obbligatorio in tutti i suoi elementi, è direttamente applicabile.

I regolamenti attribuiscono ai cittadini dell'Unione obblighi e diritti che i giudici nazionali hanno l'obbligo di far rispettare, anche nei rapporti interindividuali.

Pur mantenendo la caratteristica della diretta applicabilità non sempre i regolamenti risultano autosufficienti. In alcuni casi è richiesto un intervento successivo affidato o alle istituzioni dell'Unione o ai legislatori interni.

Si è soliti fare una distinzione tra:

- regolamenti di base, adottati dal legislatore dell'Unione

-regolamenti di esecuzione emanati per l'attuazione dei primi dalla Commissione e dal Consiglio e devono essere conformi ai primi, pena la loro invalidità.

I regolamenti sono pubblicati sulla Gazzetta Ufficiale dell'Unione Europea ed entrano in vigore dalla data stabilita nello stesso regolamento e in mancanza di un' indicazione a partire dal ventesimo giorno successivo alla sua pubblicazione.

È ammessa per motivi d'urgenza l'entrata in vigore immediata cioè il giorno della pubblicazione.

Le decisioni

La decisione è un atto vincolante, obbligatorio in tutti i suoi elementi e il più delle volte ha una portata essenzialmente individuale.

Le decisioni vincolano solo i destinatari espressamente individuati o identificabili ossia Stati membri, persone fisiche o giuridiche.

Se vogliamo paragonarlo ad un atto del nostro ordinamento nazionale è un atto amministrativo.

La decisione è l'atto tipico attraverso il quale le istituzioni disciplinano un caso particolare.

Però nella prassi progressivamente si sono sempre più diffuse le decisioni a carattere generale .

Con il Trattato di Lisbona oggi si riconosce la possibilità di utilizzare decisioni di carattere generale.

È difficile distinguere le decisioni di carattere generale dai regolamenti.

Il Trattato non dice se le decisioni sono provviste di effetto diretto.

La Corte di Giustizia ha affermato che possono avere effetto diretto nel momento in cui siano norme chiare, precise e suscettibili di applicazione immediata.

Le decisioni che prevedono un destinatario devono essere ad essi notificate, mentre quelle che non designano un destinatario vengono pubblicate sulla Gazzetta Ufficiale ed entrano in vigore dal ventesimo giorno dalla pubblicazione o dalla data fissata.

La Direttiva

La Direttiva vincola lo Stato per quanto riguarda il risultato da raggiungere, lasciando libera la competenza degli Stati membri in merito alla forma e mezzi per realizzarlo. La Direttiva viene adottata e viene stabilito un termine entro il quale gli Stati membri devono recepirla.

Tra l'entrata in vigore della direttiva e la scadenza del termine di recepimento, gli Stati hanno l'obbligo di buona fede che è espressione del principio di leale cooperazione ossia gli Stati si devono astenere dal compromettere il risultato voluto dalla direttiva e quindi non possono adottare atti in contrasto con il risultato indicato dalla direttiva.

Spesso il legislatore dell'Unione si serve delle direttive come strumento di armonizzazione delle legislazioni nazionali, lasciando però agli Stati un certo margine di discrezionalità ossia la direttiva prevede una disciplina uniforme ma allo stesso tempo lascia una certa libertà agli Stati.

Gli Stati sono liberi di scegliere le forme e i mezzi per attuare il risultato prescritto nella direttiva.

Gli Stati nel recepire la direttiva, devono fornire all'Unione l'indicazione delle misure prese per applicare la direttiva. In mancanza possono subire una procedura per infrazione per non rispetto dell'obbligo di leale cooperazione .

Le direttive devono essere motivate.

Entrano in vigore a partire dalla data stabilita oppure dal ventesimo giorno successivo alla loro pubblicazione nella Gazzetta ufficiale. Va sottolineato che bisogna distinguere la data di entrata in vigore della direttiva dal termine di due anni assegnato agli stati per la sua attuazione.

La Direttiva dettagliata

La direttiva dettagliata è una direttiva che dal punto di vista sostanziale assomiglia ad un regolamento perché in realtà lascia un minimo spazio di discrezionalità agli Stati. In dottrina si è ipotizzata l'illegittimità di questa direttiva dettagliata laddove il Trattato prescrivesse obbligatoriamente l'utilizzo della direttiva e non del regolamento.

La Corte di Giustizia non si è espressa chiaramente in materia, ma ha comunque riconosciuto la legittimità di tali direttive quando necessarie per conseguire il fine prefissato.

Raccomandazioni e pareri

Tra gli atti non vincolanti ritroviamo:

- Raccomandazioni sono dirette agli Stati e contengono l'invito o l'esortazione a tenere un certo comportamento senza tuttavia prevedere alcun obbligo di risultato

- I pareri sono rivolti ad altre istituzioni, agli Stati membri o ai privati e costituiscono l'atto con cui un' istituzione fa conoscere il proprio punto di vista su una determinata questione

Sono atti non vincolanti, ma sicuramente hanno un'efficacia giuridica.

Devono essere tenuti in considerazione, soprattutto dai giudici interni, pretendendo l'istituzione di essere ascoltata nell'ottica di leale cooperazione tra gli Stati membri.

I giudici interni sono tenuti a prendere in considerazione le raccomandazioni per la risoluzione delle controversie loro sottoposte. Pareri e Raccomandazioni sono di solito pubblicati nella Gazzetta Ufficiale nella sezione dedicata alle comunicazioni.

Gli atti atipici

Gli atti atipici sono quegli altri che non sono previsti dall'articolo 288 del Trattato sul funzionamento dell'Unione Europea un esempio sono i regolamenti interni la cui denominazione regolamenti può trarre in inganno ma rappresentano l'esercizio da parte delle istituzioni dell'Unione Europea di un potere di auto-organizzazione e quindi sono degli atti completamente diversi dai regolamenti. Poi abbiamo le decisioni nell'ambito della politica estera e di sicurezza comune che contengono un contenuto "sui generis" e quindi non sono assimilabili in tutto e per tutto alle decisioni.

Gli atti non previsti

Sono una serie di atti che non sono previsti dall'articolo 288 del Trattato sul funzionamento dell'Unione Europea e non sono nemmeno previsti dai trattati.

La Corte di Giustizia ha ammesso la loro legittimità purché non ledano le disposizioni dei trattati.

Tra questi ricordiamo:

-le comunicazioni di cui fa frequente ricorso la Commissione ,come Libri verdi, per indicare le linee di azione e progetti in ordine alla preparazione di proposte normative complesse o per chiarire il suo punto di vista in relazione a certi problemi o per stabilire la sua dottrina in settori di cui dispone di poteri decisori come gli aiuti di stato.

-Le conclusioni e le risoluzioni di solito adottate dal Consiglio e dal Consiglio europeo. Chiariscono il pensiero dell'istituzione e spesso assumono valore di impegno politico

- Programmi d'azione, dichiarazioni, deliberazioni e codici di condotta che sono privi di effetti giuridici.

Ci sono poi atti che preparano all'adozione di atti atipici ma che non hanno rilevanza esterna.tra questi ritroviamo le dichiarazioni comuni e gli accordi interistituzionali che sono firmati dai Presidenti del Parlamento, del Consiglio e della Commissione. Vengono adottati per assumere una posizione comune su una questione ritenuta fondamentale, per definire regole di comportamento o modalità di cooperazione in determinate procedure. Tali atti vincolano politicamente le istituzioni senza però di norma creare vincoli giuridici. Gli accordi in questione si ricollegano al dovere di leale cooperazione. Tali atti ora sono riconosciuti anche formalmente dal Trattato di Lisbona e possono rivestire carattere vincolante. Tali atti devono essere emessi nel rispetto delle norme dei trattati e sono sottoposti ad un controllo giudiziario.

10 Azione di annullamento

L'azione di annullamento rientra tra i rimedi giurisdizionali diretti e ha lo scopo di sottoporre a controllo di legittimità gli atti delle istituzioni e degli organismi dell'Unione che si ritengono viziati o comunque pregiudizievoli. L'azione di annullamento presenta alcune caratteristiche in comune con l'azione amministrativa tipica del nostro contenzioso amministrativo.

La competenza a giudicare l'azione di annullamento è attribuita alla Corte di Giustizia in senso lato vale a dire nelle sue varie articolazioni. Tale azione è disciplinata dall'articolo 263 del Trattato sul funzionamento dell'Unione europea. Gli atti impugnabili sono:

- gli atti legislativi ossia adottati congiuntamente dal Consiglio e dal Parlamento europeo,

-gli atti del Consiglio, della Commissione, della Banca centrale che non siano pareri e raccomandazioni

- con il Trattato di Lisbona è stato specificato che sono impugnabili anche gli atti del Consiglio Europeo se produttivi di effetti giuridici,

- gli atti degli organi e degli organismi europei destinati a produrre effetti giuridici nei confronti dei terzi.

In realtà il Trattato non indica tra gli atti impugnabili gli atti della Corte dei Conti ma la Corte di Giustizia in realtà ha ritenuto impugnabili anche questi atti. Anche gli atti atipici se produttivi di effetti giuridici possono essere impugnati con l'azione di annullamento.

In sostanza si possono impugnare tutti quegli atti che producono effetti giuridici obbligatori ed è irrilevante la forma.

Non possono essere impugnati con l'azione di annullamento gli atti interni alle istituzioni oppure gli atti conformativi di un atto precedente. Con riferimento agli atti adottati nell'ambito della Cooperazione di polizia e giudiziaria in materia penale è possibile presentare l'azione di annullamento se l'atto produce effetti giuridici e se sia decorso un periodo transitorio. In questa materia c'è un'eccezione ossia la Corte non può esaminare la validità e la proporzionalità delle operazioni di polizia e delle operazioni per il mantenimento dell'ordine pubblico perché in questo caso c'è una competenza degli Stati. Con riferimento alla politica estera e di sicurezza comune questo settore rimane sottratto al sindacato della Corte perché prevede delle regole specifiche e quindi continua ad essere caratterizzato da un'azione intergovernativa.

I soggetti legittimati a presentare il ricorso in annullamento

I soggetti che possono presentare un 'azione di annullamento si distinguono in tre categorie:

- ricorrenti privilegiati ossia non devono dimostrare alcun interesse ad agire per promuovere un'azione di annullamento e sono gli Stati membri, il Consiglio, la Commissione, il Parlamento

- Ricorrenti semi privilegiati questi soggetti devono dimostrare la lesione delle loro prerogative e sono la Banca Centrale Europea, la Corte dei Conti e con il Trattato di Lisbona anche il Comitato delle regioni. Inizialmente tra questi soggetti compariva anche il Parlamento.

-Ricorrenti non privilegiati devono dimostrare invece di avere un particolare interesse ad agire. Il problema si pone per quegli atti che formalmente non sono indirizzate a singoli ma che incidono sulle loro posizioni giuridiche. In questo caso può essere presentata l'azione di annullamento ma si deve dimostrare la sussistenza di due requisiti cioè che l'atto riguarda direttamente e individualmente il soggetto in questione.

L'atto riguarda direttamente la persona fisica o giuridica se l'atto incide sulla sua posizione giuridica senza lasciare al destinatario un potere discrezionale e senza che ai fini dell' applicazione di tale atto sia necessaria alcuna misura di esecuzione

L'atto riguarda il soggetto individualmente solo se il provvedimento lo tocchi a causa di determinate qualità o a causa di qualità personali che distinguono il soggetto dalla generalità.

Con riferimento all'espressione "individualmente riguardato dall'atto", la corte ha inteso sempre in modo restrittivo questa locazione, affermando nella sentenza Plaumann che i soggetti diversi dai destinatari di un atto non possono pretendere di essere riguardati individualmente a meno che un atto non li tocchi in ragione di certe qualità personali o di particolari circostanze che li distinguono ad ogni altra persona. Tale lettura restrittiva dipendeva da una formulazione letterale del trattato e quindi una portata più ampia sarebbe stata possibile soltanto con una modifica del diritto primario.

Con il Trattato di Lisbona è stata introdotta una novità perché ha previsto per i singoli il diritto di impugnare gli atti cosiddetti regolamentari che li riguardano direttamente. Il problema si è posto su cosa siano gli atti regolamentari perché non c'è un'espressa definizione. La Corte di Giustizia ha chiarito che gli atti regolamentari sono tutti gli atti di carattere generale adottati secondo una procedura diversa da quella legislativa ordinaria o legislativa speciale. Per questi atti bisogna dimostrare soltanto che sussiste il requisito del direttamente e non il requisito dell' individualmente. Il soggetto deve essere portatore di un interesse proprio e quindi il ricorso in annullamento non può essere presentato dall'Associazione che rappresenta una categoria di imprenditori o tutela un interesse collettivo, salvo i casi in cui l'associazione rappresenta gli interessi dei membri o i casi in cui l'associazione abbia svolto ruolo nel procedimento di adozione dell'atto o qualora l'associazione faccia valere il proprio diritto che sia distinto da quello dei singoli.

Motivi di impugnazione. Termini

I ricorsi possono essere presentati entro 2 mesi dalla notifica dell'atto di avvenuta pubblicazione sulla Gazzetta ufficiale. Qualora si tratta di atti indirizzati a terzi il computo dei termini avviene dal momento in cui il terzo è venuto effettivamente a conoscenza dell'atto e della sua motivazione.

I motivi per poter impugnare sono :

- Incompetenza. Sia incompetenza assoluta ossia non c'è alcun potere in capo all'Unione europea di adottare l'atto ed sia incompetenza relativa ossia la competenza non spetta all'istituzione che ha emesso l'atto ma ad altre istituzioni dell'Unione Europea.

Si distingue tra:

Ratione materie quando il fatto non rientra nella sfera di competenza dell'organo

Ratione Loci quando l'atto ha effetti al di fuori dei territori su cui esercita la competenza l'organo che lo ha emanato

Ratione temporis Quando l'atto è adottato oltre i limiti di tempo previsti

-Violazione delle forme sostanziali che prevede tre ipotesi:

violazione delle garanzie di procedura, delle forme essenziali dell'atto, dell'obbligo di motivazione.

-Violazione di legge . rientra in questo vizio la violazione delle norme di diritto primario, dei principi generali del diritto dell'Unione europea, delle norme internazionali, convenzionali o consuetudinarie.

- sviamento del potere nel caso in cui il potere attribuito all' istituzione viene esercitato allo scopo di raggiungere dei fini diversi da quelli per i quali è stato conferito quel determinato potere.

-sviamento di procedura nell'ipotesi in cui l'istituzione segue la procedura per fini diversi da quelli per cui è prevista.

Gli effetti della sentenza

L'articolo 264 del Trattato sul funzionamento dell'Unione Europea afferma che se il ricorso è fondato il giudice dichiara l'atto nullo e non avvenuto. Questa sentenza del giudice dell'Unione Europea ha efficacia ex tunc quindi l'istituzione, l'organo, l'organismo che ha emanato l'atto se l'atto viene dichiarato invalido sarà costretto ad adottare i provvedimenti necessari affinché ci sia un esecuzione della sentenza entro un termine ragionevole. La corte non può riformare l'atto né rivolgere ingiunzione all'istituzione, ma può fornire delle indicazioni riguardo alle misure di esecuzione. L'istituzione dovrà attivarsi per dare attuazione alla sentenza della Corte di Giustizia e se non lo fa vengono applicate delle sanzioni e sono previsti altri rimedi come l'azione in carenza.

11 Ricorso in carenza

Il ricorso in carenza è uno strumento che tende a porre rimedio ad un 'illegittima attività di un'istituzione dell'Unione europea. È un mezzo importante ed insieme agli altri mezzi di tutela giurisdizionale completa il sistema di tutela dei diritti.

Tale rimedio consente di sanzionare il comportamento omissivo di un'istituzione, di un organo o di un organismo dell'Unione europea. Viene presentato il ricorso in carenza quando l'istituzione o un organo dell'Unione Europea si astengono dall' adottare un atto vincolante. Se c'è un rifiuto esplicito in questo caso va presentata l'azione di annullamento in quanto c'è una presa di posizione da parte dell'istituzione.

I ricorrenti privilegiati possono ricorrere contro qualsiasi tipo di carenza senza dover dimostrare l'interesse ad agire. Il problema si pone per le persone fisiche e per le persone giuridiche che sono ricorrenti non privilegiati. Nel Trattato si afferma che l'azione in carenza può essere proposta da ogni persona fisica o giuridica quando l'istituzione abbia omesso di emanare nei suoi confronti un atto vincolante quindi non un parere o una raccomandazione.

L'azione in carenza può essere intentata nei confronti del Parlamento, del Consiglio europeo, del Consiglio, della Commissione, della Banca centrale europea, può essere promossa anche nei confronti degli organi e degli organismi dell'Unione europea. Sono competenti il Tribunale e la Corte di giustizia, in linea di massima il Tribunale ha una competenza generale sui ricorsi diretti e quindi anche sull' azione in carenza però ci sono dell'eccezioni in cui i ricorsi vengono presentati alla Corte di giustizia. Ci sono dei ricorsi più delicati dove vi è una competenza esclusiva della corte di giustizia. Il soggetto interessato presenta all'istituzione o all'organo o all'organismo dell'Unione Europea una lettera di messa in mora sollecitandolo ad agire entro un termine ragionevole. La lettera di messa in mora indica l'obbligo che si intende violato e le misure per far cessare questa inerzia.

Se l'istituzione non prende posizione entro due mesi allora il soggetto interessato può presentare ricorso nei due mesi successivi

Se l'atto di cui si chiede l'adozione viene emanato dopo la presentazione del ricorso ma prima della sentenza, il ricorso diviene privo di oggetto. Con il Trattato di Lisbona il ricorso in carenza non è consentito nell'ambito della politica estera e di sicurezza comune mentre è ammesso allo scadere del periodo transitorio nel contesto della Cooperazione giudiziaria e di polizia in materia penale.

Effetti della sentenza

La sentenza che accoglie il ricorso in carenza ha carattere dichiarativo quindi accerta l'illegittimità del comportamento omissivo da parte dell'istituzione o dell'organo o organismo dell'unione. I soggetti interessati sono tenuti a prendere le misure per dare esecuzione alla sentenza entro un termine ragionevole.

In quanto viene accertato un comportamento omissivo è possibile presentare un'azione di risarcimento per i danni subiti.

Qualora l'istituzione rimanga inattiva è possibile presentare un nuovo ricorso in carenza. Mentre viene presentato il ricorso in annullamento verso gli atti emanati dell'istituzione per dare esecuzione alla sentenza quando questi risultano in contrasto con il giudicato della Corte.

12 L'eccezione di invalidità

L'eccezione di invalidità a è un mezzo per far valere l'illegittimità di un atto a portata generale dell'Unione Europea anche dopo la scadenza del termine di 2 mesi per far valere l'illegittimità dell'atto.

Può essere presentato per gli stessi motivi previsti per l'azione di annullamento per consentire l'inapplicabilità di quell'atto in una controversia che pende dinanzi alla Corte di Giustizia e che ad oggetto l'impugnativa di un altro atto. L'eccezione di invalidità rappresenta la sola possibilità per i privati di tutelarsi contro l'applicazione di un regolamento illegittimo contro cui non si è potuto proporre l'azione di annullamento.

Non si tratta di un'azione autonoma ma di un'azione incidentale che si deve innestare su un altro giudizio in corso dinanzi alla Corte di Giustizia, intesa in senso lato ossia nelle sue varie articolazioni.

L'eccezione può essere sollevato oggi non solo avverso i regolamenti ma nei confronti di qualsiasi atto a portata generale. Il rimedio è stato invocato anche nei confronti di atti atipici e di accordi internazionali. L'eccezione non può essere sollevata , invece, contro atti a portata individuale, in particolare contro atti che avrebbero dovuto essere impugnati dai destinatari mediante il ricorso in annullamento nei termini prescritti. La ricevibilità dell'eccezione è subordinata all'estensione di un legame tra la fattispecie oggetto del ricorso principale è l'atto a portata generale di cui si richiede la disapplicazione. L'eccezione non può essere sollevata d'ufficio dal giudice, né può essere sollevata dinanzi al giudice nazionale. Il rimedio ha natura incidentale e quindi l'atto dichiarato illegittimo dal giudice dell'Unione non sarà annullato ma semplicemente non può essere applicato al caso di specie quindi continua a rimanere in vigore finché l'istituzione che l'ha emanato non adotti le misure necessarie per rimuoverlo o modificarne le cause di invalidità.

13 Responsabilità extracontrattuale

È disciplinata dall'articolo 340 del Trattato sul funzionamento dell'Unione Europea che sancisce la responsabilità dell'Unione per l'attività e gli atti commessi dai propri funzionari, agenti ed istituzioni nell'esercizio delle loro funzioni. Per gli atti e comportamenti della BCE invece risponde quest'ultima personalmente.

L'azione di risarcimento può essere presentata contro l'unione da qualsiasi persona fisica o giuridica e da parte degli Stati membri quando ritengono di aver subito un pregiudizio.

Condizioni di ricevibilità

L'azione deve essere proposta, pena la prescrizione del diritto al risarcimento, entro cinque anni a decorrere dal momento in cui avviene il fatto che dà origine al danno. La prescrizione è interrotta dalla domanda presentata alla corte o alla richiesta preliminare che il danneggiato può rivolgere all' istituzione. Se l'istituzione risponde alla richiesta del danneggiato, questa risposta costituisce una presa di posizione e quindi si ritiene che in questo caso il danneggiato deve proporre l'eventuale azione risarcitoria nel termine di due mesi dalla risposta della Commissione. L'azione di risarcimento deve considerarsi autonoma rispetto altre azioni esercitabili davanti alla Corte. Quando il pregiudizio subito deriva dal comportamento di un'autorità nazionale che ha adottato misure illegittime per applicare il diritto europeo oppure quando una violazione del diritto dell'Unione sia imputabile al legislatore nazionale, l'azione di risarcimento rientra nella competenza dei giudici interni. Invece la Corte di Giustizia è competente a pronunciarsi quando il danno derivi da un'attività statale meramente esecutiva di un atto dell'Unione che non lascia margini di discrezionalità.

Condizioni per il sorgere della responsabilità

Il riconoscimento della responsabilità extracontrattuale dell'Unione è subordinato al verificarsi di alcune condizioni. La responsabilità sussiste quando la norma violata è diretta a conferire diritti ai singoli o se tale norma è stata violata in maniera sufficientemente caratterizzata. Deve essere accertata la presenza di un danno reale ed attuale nonché l'esistenza di un nesso di causalità tra il comportamento stesso al pregiudizio lamentato. Per violazione grave s' intende che siano stati disconosciuti in modo manifesto e grave i limiti che si impongono all'esercizio dei poteri discrezionali dell'istituzione.

Se il danno è causato da un agente al di fuori dell'esercizio delle sue funzioni, non c'è responsabilità dell'Unione ma l'azione di risarcimento dovrà essere diretta personalmente contro l'agente.

Il danno risarcibile

Una volta ritenuta responsabile, l'Unione Europea deve indennizzare la vittima per il pregiudizio arrecato. Il ricorrente deve provare la sussistenza, la qualità e l'effettività del danno. L'ammontare del risarcimento può essere individuato con un accordo tra il ricorrente e l'istituzione responsabile o nell'ambito di un nuovo processo dinanzi alla Corte,che lo calcolerà tenendo conto dei principi generali comuni agli ordinamenti degli Stati membri in materia di responsabilità contrattuale. Il risarcimento del danno va valutato tenendo conto delle perdite subite, del mancato guadagno e del danno morale. La riparazione può essere esclusa o ridotta se il danneggiato ha contribuito con il suo comportamento al verificarsi del danno.

14 Il rinvio pregiudiziale

Il rinvio pregiudiziale è un rimedio che garantisce una Cooperazione giudiziaria tra giudice nazionale o la Corte di giustizia. Questo meccanismo consente al giudice nazionale di essere aiutato per la corretta interpretazione del diritto dell'Unione europea. Distinguiamo tra:

- rinvio pregiudiziale di interpretazione per assicurare la corretta interpretazione delle norme europee da parte del giudice nazionale

- rinvio pregiudiziale di validità per garantire la legalità del diritto dell'Unione Europea e quindi si va a verificare la validità o meno del rispetto di una norma Europea

La procedura pregiudiziale è avviata dalla decisione di un giudice nazionale di adire la Corte di giustizia quando reputi che si ponga un problema di interpretazione del diritto dell'Unione o di validità di un atto derivato nel corso di un procedimento pendente dinanzi adesso.

È un rimedio indiretto che rientra nelle competenze del giudice nazionale, è il giudice nazionale che decide se sollevare un rinvio pregiudiziale e quindi non è un rimedio nella diretta disponibilità delle parti. Le parti possono soltanto sollecitare il giudice nazionale ma poi è quest'ultimo che deve decidere di sollevare il rinvio.

Rinvio pregiudiziale interpretazione

La Corte di Giustizia è competente a pronunciarsi in via pregiudiziale sull'interpretazione dei trattati sull'interpretazione degli atti compiuti dalle istituzioni, dagli organi e dagli organismi dell'Unione europea.

La questione pregiudiziale può riguardare anche l'interpretazione dei principi generali del diritto dell'Unione, le sentenze della Corte, le norme di diritto internazionale generale, gli accordi conclusi da Stati membri con Stati terzi ma che vincolano l'Unione .

Il rinvio pregiudiziale di validità

Consente alla corte di esercitare un controllo di legittimità sugli atti delle istituzioni, degli organi e degli organismi dell'Unione aventi valore vincolante anche se sprovvisti di efficacia diretta.

È un rimedio che non può avere ad oggetto tutte le norme dell'Unione per esempio non si possono mettere in discussione le norme di un trattato. Tale rimedio deve essere considerato nell'ottica di un completamento del sistema di tutela giurisdizionale.

Se il singolo è destinatario di una decisione e non la impugna, la Corte afferma che in questo caso non potrà essere accolto un rinvio pregiudiziale di validità perché i destinatari della decisione non hanno impugnato tempestivamente pur potendolo fare.

Invece per gli atti che non hanno formalmente i destinatari e per gli atti che non possono essere impugnati dai singoli con un'azione di annullamento invece è possibile esperire il rinvio pregiudiziale di validità.

I vizi per i quali può essere presentato il rinvio pregiudiziale di validità sono gli stessi vizi per i quali si può presentare l'azione di annullamento. Nel caso dell'azione di annullamento però il singolo deve dimostrare un particolare interesse ad agire che deve essere direttamente ed individualmente, invece nel caso del rinvio pregiudiziale di validità interesse ad agire non devono essere dimostrato. Nel rinvio pregiudiziale di validità il singolo sollecita il giudice a presentare il rinvio quindi non è un rimedio che è nella diretta disponibilità del singolo.

Le sentenze della Corte non possono formare oggetto di rinvio pregiudiziale di validità in quanto hanno il valore di cosa giudicata. Dalla giurisprudenza della Corte di Giustizia risulta che i giudici nazionali anche se di ultima istanza non possono dichiarare invalidi gli atti dell'Unione e quindi se nutrono un dubbio sulla loro validità devono adire la Corte di giustizia.

Facoltà e obbligo di rinvio

I giudici nazionali non di ultima istanza hanno una facoltà di sollevare un rinvio pregiudiziale mentre i giudici di ultima istanza hanno l'obbligo. Questo perché quando il giudice di ultima istanza si pronuncia, la sentenza è definitiva e passa in giudicato e non è possibile più rimediare mentre nel caso di decisione di un giudice di grado inferiore la sentenza può essere sempre impugnata e quindi eventualmente si può poi successivamente affrontare la questione di interpretazione della norma dell'Unione europea. Tutte le giurisdizioni nazionali non possono mai pronunciarsi sull' invalidità di un atto dell'Unione in quanto questa è una competenza della Corte di giustizia. Il giudice Nazionale può sempre dichiarare la validità ma non può mai dichiarare l'invalidità di un atto dell'unione europea e quindi se nutre dei dubbi sulla validità dovrà presentare rinvio pregiudiziale dinanzi alla Corte di giustizia.

C'è una discrezionalità del giudice di non ultima istanza nel sollevare il rinvio pregiudiziale mentre se il giudice è di ultima istanza vi è un obbligo, un obbligo che però non è assoluto.

Il giudice anche se di ultima istanza non è tenuta a sollevare il rinvio pregiudiziale quando:

- la questione non è pertinente

- la disposizione dell'Unione Europea di cui si discute sia già stata oggetto di interpretazione da parte della corte di Giustizia

- la corretta applicazione del diritto dell'Unione Europea si impone con tale evidenza da non lasciare adito a ragionevoli dubbi.

L'iniziativa di presentare il rinvio pregiudiziale spetta solo al giudice nazionale. Il giudice Nazionale può essere sollecitato dalle parti ma non è tenuto nel seguire la loro richiesta o ad accettare il testo dei quesiti da queste proposto. Può sollevare d'ufficio la questione. La questione può essere sollevata in qualsiasi stadio del procedimento.

Con riferimento alla procedura, il giudice interno notifica alla Corte di Giustizia l'ordinanza di rinvio indicando le circostanze del caso, i motivi, la rilevanza della questione per la soluzione del caso. L'ordinanza viene poi notificata dalla Corte alle parti, agli Stati membri, alla Commissione, all'istituzione, all'organo o all'organismo dell'Unione Europea che abbia emesso l'atto. Le parti possono presentare osservazioni scritte e memorie ed esser sentite nella fase di procedura orale.

15 Il diritto dell'Unione Europea e il diritto interno

Il diritto comunitario prevale rispetto al diritto interno. Se una norma interna è in contrasto con una norma comunitaria va disapplicata e il rapporto resta disciplinato dalla sola norma comunitaria.

La Corte di Giustizia ha sin da subito affermato la prevalenza delle norme comunitarie sulle norme nazionali. In origine l'orientamento della Corte costituzionale italiana era nettamente contrastante con quello della Corte di giustizia ma con il tempo la posizione della Corte Costituzionale si è avvicinata a quella della Corte di Giustizia richiamando l'articolo 11 della Costituzione. Nel nostro ordinamento il nocciolo del problema consisteva nel fatto che la norma comunitaria era contenuta in una legge ordinaria e in caso di contrasto tra una norma interna ed una norma comunitaria bisognava applicare il principio della successione della legge nel tempo. Tale principio non creava nessun problema se il contrasto si verificava tra una norma interna anteriore alla norma comunitaria, il problema sorgeva se la norma nazionale era successiva alla norma comunitaria, in tal caso il principio lex posterior derogat priori portava alla prevalenza della norma nazionale.

www.ingramcontent.com/pod-product-compliance
Lightning Source LLC
Chambersburg PA
CBHW061233180526
45170CB00003B/1280